Éditeur : BoD-Books on Demand, 12/14 rond point des Champs Élysées,
75008 Paris, France
Impression : BoD-Books on Demand, Norderstedt, Allemagne
ISBN : 978-2-322-03727-8
Dépôt légal : 10-2014

Succès Poésies par Victoria Godwin

Victoria GOLDWIN

« Faites que le rêve dévore votre vie afin que la vie ne dévore pas votre rêve »
Antoine De Saint Exupéry

TABLE DES MATIÈRES

Le violon	Page 7-8
La mer	Page 9
L'enfant	Page 10-11
Voyageur	Page 12
L'ennui	Page 13
La rose	Page 14
Mon hôte	Page 15
L'arbre de vie	Page 16
Soldat	Page 17
L'ombre	Page 18
L'autre	Page 19
La paix ô colombe	Page 20
Les clochettes blanches	Page 21
La plume et l'encrier	Page 22
La solitude	Page 23-24
Rupture	Page 25
L'appel de l'amour	Page 26-27
Cache-cache bonheur	Page 28-29
La passion	Page 30
L'amitié	Page 31
Miroir	Page 32-33
Chevalier	Page 34
Cygne noir et blanc	Page 35
Les rêves	Page 36
La prison de verre	Page 37
Ma mère	Page 38
Première nation	Page 39
Source	Page 40
Désert	Page 41
Iris	Page 42
La montagne	Page 43
La roulette de la vie	Page 44
Femmes	Page 45

L'automne	Page 46
La haine	Page 47
La mort	Page 48
Vieillesse	Page 49
Noël	Page 50
Paris	Page 51

Le violon

Tu nous séduis,
Avec ton corps volute,
Tes courbes aux senteurs,
De bois,
Couleur d'ébène,
Ton archet vibre à ton contact
Il suffit d'une caresse légère,
Qui glisse en douceur,
Sur les fils de soie,
Et ta musique nous emporte,
Aux portes de l'espoir,
Nos sens s'éveillent,
Tu offres un sourire,
Au peuple en mal de vivre,
Tu fais danser,
Nos grandes dames,
Sur les romantiques,
Valses de Vienne,
Nos oreilles s'ouvrent,
Comme une fleur en éclosion,
Devant un arc en ciel,
De notes blanches et noires,
Qui s'élèvent en puissance,
Tu fais voler les mains,
Qui suivent le mouvement,
De ton prélude prénuptial,
Avec sensualité et finesse,
Ta musique pénètre,
Dans nos corps,
Et circule dans nos veines,
Alors un frisson
S'empare de nous,
Tu as su nous émerveiller,
Dans ce wagon,
Sur la route de la découverte,

Nos sens se perdent encore,
Devant une telle magie,
Ta musique vit encore en nous.

La mer

Explorateurs au cœur océan,
Qui partagent le fond bleu,
Avec les merveilles du profond,
Glorifient leur mère nourricière,
Avec les sublimes,
Et ensorceleuses voix,
Des chants des sirènes.
Plongeurs de toutes nations,
Amoureux de cet abîme,
Aux eaux couleurs émeraude,
A la recherche de l'Atlantide.
L'horizon épouse le ciel divin,
Qui offre le plaisir,
Des couleurs changeantes,
Avec cette immensité de paix,
Et fait la jouissance de nos marins,
En quête de l'appel du phare aux milles étoiles.
Nos navigateurs rêveurs
De cartes aux trésors,
Sillonnent de long en large,
Cette étendue plate d'océan,
Scintillante aux éclats de diamants,
Les vagues caressent leurs voiliers,
Avec douceur et légèreté,
Et les plongent dans un sommeil,
Sur les traces du Santa Maria,
Avec les salutations,
De Christophe Colomb.

L'enfant

Petite fille joyeuse,
Garde ton innocence,
Ne grandit pas trop vite,
Profite,
De ces instants bonheurs,
Que j'ai oublié au fil du temps,
Dans ton regard,
J'arrive à atteindre ton monde
Un instant magique,
A quoi penses-tu ?
Petite fille au corps fragile,
A quoi rêves-tu ?
Petite fille au grand coeur,
Quel bonheur ton sourire,
Vit ton voyage,
Ma vie est un séisme,
Où tout s'écroule autour de moi,
Ton regard noir intense,
Me fixe avec douceur,
Et étonnement,
Que lis-tu en moi?
Que ressens-tu?
Dis-moi qui suis-je?
Tu ne verras,
Que tristesse et chagrin,
Ta vie est rose,
Pleine de tendresse,
Ma vie est si dure,
Et inondée d'angoisse,
Laisses-moi entrer,
Dans ton royaume féerique,
Et rempli d'espoir,
Ma vie n'est qu'illusion,
Ma vie est une bulle,
Et l'air est absent,

Tes cheveux couleur ébène,
Flottent dans l'air,
Son doux parfum d'ange,
Vole vers moi,
Ouvres moi la porte des rêves
Pour me souvenir ....

Voyageur

Toi, qui déambules,
Dans les rues de la ville,
Et connais tous ces pavés,
Tu les as comptés un par un,
Les murs t'appellent,
Et te recueillent sans rien demander,
Ton corps n'a plus d'âge,
Car il est en cage,
Une prison à un sou,
Ton visage se durcit,
Car ta vie s'est enfuie,
Ton corps pleure,
Car il a faim,
Tu es fatigué,
Ton carton parle à ta place,
Tu ne sais plus qui tu es,
Ton nom est personne,
Ton identité,
Tu l'as perdue dans le passé,
Tu ne sais plus compter,
Les années de galère,
A part tes petites pièces,
Qui chantent quand,
Elles te tombent dessus,
Ton visage meurtri raconte ton histoire,
Il est lavé par,
La source alcoolisée,
Tes vêtements sentent le crottin,
C'est comme ça que tu te vois,
Tu rêves de douceur,
Mais ton esprit pauvre t'en empêche,
Tu te lèves de ta demeure,
Pour continuer ton chemin.

L'ennui

On te prête le nom,
De calamité,
Le compagnon,
De chacun de nous,
Un mal de l'existence,
Ou parfois un plaisir,
Tu es le quotidien,
Et l'ivresse,
Devant toi,
Le temps se fige,
La pendule s'ennuie,
A tes côtés,
On t'ignore,
Mais tu es puissant,
Pas un bruit,
Pas un mot,
Parfois le silence a du bon.

La rose

Belle et sensuelle
Tu es pure et sacrée,
Tu purifies,
Nos plus beaux édifices,
Ton eau délicate,
Nous transporte et,
Nous propose un voyage,
Au pays du désir,
Tu t'invites aux noces de Venise,
Et pénètres dans notre intimité,
Tu offres le plaisir,
A nos sens et nos corps,
Tes pétales délicats,
Et sensuelles symbolisent,
L'amour,
Devant ta beauté,
Et la complicité du Dieu silence,
Nos secrets sont bien gardés,
Nos poètes te saluent,
Et s'inspirent de ton élégance,
Les hommes te vouent,
Un culte à la Saint-Valentin,
Pour faire de nous leur rose.

Mon Hôte

Toi qui t'immisces dans ma vie,
Et bouleverses mon existence,
Sans invitation,
Toi qui épuises mon esprit,
Et détériore mon corps,
Sans permission,
Comme un voleur qui cherche,
A dérober mon âme.
Ne vois-tu pas le mal,
Que tu m'infliges,
Toi, qui fais,
De ma demeure ton refuge,
Toi, qui graves ton nom,
Dans mon corps,
Toi, qui ronge tout,
Sur ton passage,
Toi, qui absorbes mon énergie.
Tes mots me dérangent,
Ta nourriture m'affaiblit,
Et ton séjour me détruit,
Jour après jour,
Mon arme contre toi,
Est l'amour et
Je mets fin à ton agression silencieuse.
Alors va-t'en,
Je ne veux pas de ta présence,
Ton emprise sur moi
S'est évanouie et,
Laisse place au sourire de la vie.

L'arbre de vie

La déesse de la poésie,
Chante tes louanges,
Ton tronc majestueux,
Vacille au rythme de la musique,
Tes branches somptueuses,
Suivent le mouvement de la danse,
Ton feuillage habillé
De couleur or,
Illumine ton jardin féerique,
Les Nymphes recouvertes,
De la rosée du soir,
Te couvrent d'offrandes,
Admirant ta splendeur,
Ton pouvoir ancestral,
Tu détiens le secret,
Qui promet des merveilles,
A celui qui te chérira,
D'amour et de protection,
Tu es source de vie,
Tes puissantes racines,
Puisent leurs énergies,
Dans la planète bleue,
Trésor qui te nourrit,
Avec toute sa splendeur,
Sa chaleur et sa richesse,
Notre terre qui nous témoigne de sa beauté,
Avec ses endroits,
Magiques et mystérieux,
Elle qui demande juste un peu de respect,
Afin de t'honorer toi,
Oh, mon bel arbre.

Soldat

Je suis un soldat,
Souvenir de cette guerre,
Me réveiller,
Observer l'horreur,
Me lever,
Courir m'abriter,
Respirer,
Sentir l'odeur de la mort,
Mon désir à cet instant,
Chuchoter à ce soldat
Qui se tient debout,
Devant ce magnifique piano,
Au milieu d'un bois,
Joue !
Oui joue donc s'il te plait,
Un air de paix,
Car si moi je l'entends,
La guerre l'entendra
Et s'envolera avec sa misère,
Sa destruction,
Ses blessures,
Ses angoisses,
Sa haine,
Pour laisser place,
A un monde nouveau et amical,
Puis, je retournais dans ma demeure,
M'endormir à tout jamais,
Pour enfin connaître la paix.

L'ombre

Elle court, elle court,
Se cache et réapparaît,
L'obscurité est son amie,
Sa silhouette nous charme,
Elle joue, elle joue,
Parfois invisible on la cherche,
Ses milles et une facette dansent,
Sous nos plus belles lumières,
Elle est naturelle,
Cette belle sans défaut,
Le soleil la caresse de ses rayons,
Elle glisse en douceur sous la pluie,
De sa présence elle nous rassure,
Insaisissable et secrète,
On l'aime, cette soeur inséparable,
Car sans elle nous sommes ailleurs.

L'autre

Matin caresse,
Matin douceur,
Tes mots me rassurent,
Tes mots me nourrissent,
Ma vie défile en couleur,
Tes paroles me charment,
Je les bois comme un nectar,
Tes mains fortes me protègent,
Contre ses esprits tourmentés,
Qui guettent les amours perdus,
Au fond de tes yeux noirs,
La bataille fait rage,
La jalousie fait des ravages,
Ma bataille c'est nous deux,
Son envie c'est toi,
Ma peur c'est vous deux,
La vérité se dévoile,
Un amour sans issue,
Où l'ange noir danse,
Sous cette musique enivrante,
La fuite est ton destin
L'abandon est mon héritage.

La paix o colombe

La paix n'est pas un mirage,
L'engagement pacifiste existe,
Se solidifie,
Se propage,
De part et là vos frontières,
Unissez vos forces,
Munissez-vous de vos tambours,
Que le son de paix monte en joie,
Et se disperse,
De part et là vos frontières
Opposition aux guerres,
Famines et misères,
Retirer vos troupes autorités terrestres,
Dispersez vos graines,
Et le vent les sèmera en joie,
De part et là vos frontières,
Transformez cette rage
En bonne chose,
Soyez utile et bon,
Hommes puissants,
Retirez le masque
De ces pressions impitoyables,
La paix n'est pas un mirage,
Sortez vos drapeaux blancs,
Armez-vous de belles colombes,
Porteurs de paix et d'espoir,
Elles s'envoleront le cœur léger,
De vos beaux messages de paix,
Leur chant touchera,
De part et là vos frontières,
Vos hommes, femmes et enfants.

Les clochettes blanches

Ma fleur printanière,
De ta couleur blanche,
Qui nous parfumes,
De tes clochettes blanches,
Avec ton odeur pénétrante de muscade,
L'attente du 1er mai est un supplice,
Dans le Retour du bonheur,
Symbole du printemps
Et du renouveau,
Tu as fait le bonheur
De nos grands hommes,
Comme tu as pris soins des pieds
Des muses d'Apollon,
Tu as veillé aux portes des bien-aimés,
Au moment des accordailles,
Tu nous portes bonheur,
Et Charles IX a eu raison,
De te mettre à l'honneur.

La plume et l'encrier

L'encrier ouvre sa porte
A la plume,
La plume se glisse,
Délicatement sur le vase,
Et plonge délicieusement,
Dans ce nectar,
L'encrier avec sa robe,
Délicate et agréable,
Lui souffle les mots,
La plume ne se prive point,
Et prend son envol,
Avec ce trésor,
Et les couche,
Avec finesse et douceur,
Sur une feuille avec passion,
Les mots se posent,
Se frayent un passage,
Avec un équilibre harmonieux,
Et la phrase se met à chanter.

La solitude

Souffrance,
Quand tu passes,
Tu sèmes la tristesse,
Nul ne peut te résister,
Notre retenue explose,
Ta puissance nous enveloppe,
A ton toucher,
Les larmes glissent,
Et chutent,
Comme une cascade,
Ta force est telle,
Que la retenue s'affaiblit,
Le prince de la solitude,
Fait son apparition avec subtilité,
Ton attraction nous plonge ?
Dans un état second,
Tu es lâche,
Ton combat s'accompagne ?
De ton ami fidèle l'isolement,
Ton mot favori,
Destruction,
Ton envie,
Nous remplir de haine,
Dans ton langage,
C'est ta douceur,
Ton plaisir,
Ta nourriture,
On sent le goût,
Amer de la mort,
Mais ces mots doux,
Sont indignes de toi,
La douceur et le plaisir,
Commence à s'interroger,
Le désir prend place,
Doucement et calmement,

Le long de notre corps,
La souffrance s'apaise,
Le plaisir se multiplie,
Le cœur revit,
Et l'amour de soi renaît.
Ainsi va la vie.

Rupture

Tes mots me manquent,
Tes mots me blessent,
Comme un pic à glace,
Tu dis que,
C'est de ma faute,
Je l'accepte,
Tu m'abandonnes,
Au pied de ce chêne,
Ses racines tremblent,
Au contact de mon chagrin,
Tu regrettes déjà ton départ,
Mais le retour est sans appel,
Car tu sais que c'est immoral,
Les murs de ta chambre,
Sont humides,
Car tes larmes les inondent,
Tu es fatigué et fais peine,
Devant mon miroir,
Car il te rappelle,
Comment je suis belle,
Tu me cherches et tu me fuis,
Mais ton cœur s'accroche,
Au fil de ma dentelle,
Tes larmes se glacent,
A la vue de ma face,
Car tes lèvres s'animent,
Tu es confus et je te trouble,
Alors tu plonges à ton tour,
Dans ce tourbillon de regret,
Quand je m'abandonne,
A une vie ailleurs.

L'appel de l'amour

Souvenir, souvenir,
Te rappelles-tu de moi,
Est-ce que j'existe encore,
Dans ta vie misérable,
Entends-tu ma voix,
Au creux de ton oreille,
La tienne paraît si lointaine,
Mais encore audible,
Prononces-tu des mots encore,
Aussi doux que le miel,
Mon oreille apprécie tant,
Ressens-tu ma présence,
Autour de toi,
Ton corps me réchauffe,
Dans mes nuits froides,
Ton nom résonne dans ma tête,
Comme jadis, tu criais mon nom,
Il te rendait joyeux,
Ta voix me suit au son du tambour,
Et des chants lyriques l'accompagnent,
Mon corps te cherche,
Et se perd dans les labyrinthes,
J'aurais tant voulu,
Que tu me sauves,
Comme au temps jadis,
Je te lance un appel,
De ma voix sensuelle,
Que tu aimais tant,
Elle te touchera,
Comme une flèche de Cupidon,
N'ai pas peur,
Libères-toi de tes chaînes,
Qui serrent ton cœur
Pour oublier,
Et si elle ne t'atteint pas,
Je te charmerais de potions,

Nuits et jours,
Afin que tu me reviennes.

Cache-cache bonheur

Tu te caches et tu me fuis,
Existes-tu vraiment
Ou est-ce un leurre,
Je veux goûter à la plénitude,
Pourquoi me priver ?
De cet état de satisfaction,
Je te cours après,
Alors que tu m'échappes déjà,
Aurais-je emprunté,
Le mauvais chemin,
On dit de toi,
Que tu es imprévisible,
Tu viens à nous,
Sans nous prévenir,
Tu te poses sur nous,
Comme un papillon,
Aux mille et une couleurs rayonnants,
Alors je t'implore, je te défis,
Envoles- toi vers moi,
Frappes à ma porte,
Je t'offrirais ma générosité,
Ma tendresse, mon amour,
Ma joie, mon esprit,
Ainsi que mon coeur,
Est-ce difficile,
Voire impossible,
Je te cherche à travers les océans,
La terre, et la nature,
Visiter le passé, le présent,
J'ai provoqué l'avenir,
Pour te rencontrer,
A ma surprise le passé,
Entretient un dialogue,
Avec moi,
Me parle de toi,
Avec sincérité et nostalgie,

Ne vit pas dans le passé me dit-il,
Le passé est souvenir,
Le présent te rend belle, joyeuse,
Ton nom est générosité,
Ne fuit pas l'avenir,
En un instant, le doute s'envole,
La joie me satisfait,
Et me remplit de sagesse,
La joie me suffit,
Et vie en moi,
Alors j'attendrais,
L'Au-delà pour te visiter.

La passion

Je voudrais goûter à tes lèvres,
Délicieuses lèvres,
Fruit de ma passion,
Je voudrais sentir ton odeur,
Enivrante odeur,
Où même le vent s'y perd,
Je voudrais toucher à ta peau,
Douce peau de velours,
Je voudrais voir tes yeux,
Tes yeux noirs profond,
Où je me noie dans ton regard.
Je voudrais entendre ta voix,
Sensuelle voix,
Que même sous le brouillard épais,
Sa musique me ramènerait à toi.
L'amour avec tous ses sens,
Restera à tout jamais,
Ma façon de t'aimer.

L'Amitié

Tu cours,
Ou tu marches,
Au gré de ton humeur,
Tu tisses à ton vouloir des liens,
Inoubliables et tendres,
Fidèles ou d'une courte durée,
Tu sais exprimer la loyauté,
Envers ceux qui te chérissent,
Tu peux être sympathique,
Et intime,
Tu es synonyme de bonheur,
Car tu es pur et franc,
Mais l'autre visage,
Peut-être profiteur ou cruel,
Ta jalousie fait des ravages,
Mais tu sais faire la différence,
Tu sais tendre la main,
Quand tu nous serres dans tes bras,
Tu l annonces avec un sourire,
On te reconnaît,
Car tu nous inondes,
De ton doux sentiment affectueux.

Miroir

Simple, vieux,
Ou orné d or,
Laid ou beau,
Ton habillage importe peu,
Tu es le même,
Fidèle,
Ne trichant point,
Derrière tes milles et une facette,
Une silhouette devant toi,
Tu ne fuis point,
Je t'observe,
Timidement,
Me pose la même question,
Encore et encore,
Mais qui suis-je vraiment,
Tu es la vérité,
Que je peine à voir,
Ce visage si terne,
Si brouillé,
Je camoufle mon défaut en vain,
Et tu me le renvoies,
En pleine face,
Derrière, encore,
Tes milles et une facette,
Tu es froid derrière ton verre,
Mais dirais-je,
Tu es de glace,
La vérité est là devant moi,
Je fuis mon reflet,
Et tu me retiens,
Tu me parles,
Me chuchote un mot,
Tu es d'une grande exigence, Miroir!
Devant toi je m'incline,
Et m'exécute,
Astiquer ton ornement,

Sécher ta buée,
Voilà que tu brilles de mille feux,
Et ta clarté,
La belle lumière,
Qui se pose sur toi,
M'illumine, éclaire mon visage,
Qui s'adoucit,
Mes défauts s'estompent,
Et je souris devant toi.

Chevalier

Chevalier du temple,
Hanté par le trésor caché,
Ensevelie et oublié,
Victime de l'amour au centuple,
Armure en maille étincelante,
Le faucre fixé à la lance transperçant,
Inspiré sur son faudesteuil de bronze,
Encre noir et calame dressé par un gonze,
Rédige sur un parchemin une fatrasie,
En observant le fleurdelisé aux senteurs d'Asie.

*faudesteuil mot du moyen Age désignant un
Fauteuil
En cuivre argent ou bois en X
*fleurdélisé désigne un champ de fleurs

Cygne noir et blanc

Constellation d'étincelle,
Yin et yang fusionnel,
Grands oiseaux aux ailles sauvagesses,
Nait de toi Venus Aphrodite déesse,
Empreinte de noblesse,
Noir ou blanc aux allures fières,
Oraisons princières,
Île de Délos aux sept cygnes,
Repère d'Apollon béni des dieux dignes,
Ton plumage d'amirauté,
N'admet aucune médiocrité,
Nul ne peut t égaler,
Contre vents et marées.

Les rêves

Liberté tu dénoues mes chaines,
Efface ma vie passée,
Sommeil dans la magie,
Rivière de douceur qui ruisselle,
Élevée au ciel porte ouvert sur le paradis,
Voler dans les airs vêtus d'ailes d'anges,
Éveillés dans ce lieu inconnu,
 Bercé par la chorale de sainteté,
Songe comme un message divin alléluia,
Déferlements de belles vagues d'images,
Extraordinaires,
Océan de jardins aux parfums délicats,
Une et mille étoiles illumine,
Champêtre et féérie,
Esprit de lune retiens nous,
Un souffle frais nous ressuscite,
Rêve ou souvenir l'évasion est en moi,
Morphée dieu des rêves,
Reviendra vers moi,
Et tomberai avec plaisir dans ses bras.

La prison de verre

Le silence rode dans la pièce,
Amour et haine en fusion,
Prison de verre en demeure,
Regard soupçonneux en stress,
Irrésistible attraction en confusion,
Soumission majeure,
Noyade sous les promesses,
Dans le délire en infusion,
Élever le ton en empereur,
Violence colérique sans cesse,
Embellie par bijoux,
Et cadeaux à répétitions,
Rendez-vous en enfer,
0u les blessures sont en pleure,
Retour à la souffrance dans,
Le tourbillon de l'ivresse,
Supplice face à l'humiliation.

Ma mère

Ma mère si douce,
Amie fidèle pour toujours,
Merveilleuse frimousse,
Elle panse mes blessures sans discours,
Rêverie ou songe sans secousse,
Étreinte câline avec amour,
Silencieuse à la porte ouverte sur mon séjour,
Présente lors de ma frousse,
Les bulles s'envolent sous la mousse,
Elle aime les chansonniers aux calembours
Elle aussi à sucer son pouce.

Premières nations

Peuples aux Cœur indien,
Rêveurs et pacifistes chiliens,
En couleurs et perles précieuses,
Mon corps danse en joie cérémonieuse,
Indigènes aux recettes magiques,
Élevés aux pays féériques,
Hommes de guerre traversant les rocheuses,
Révoltes et pensées coléreuses,
Enragés et affamés tes joues sont creuses,
Nations en feu et en sang,
Sur le chemin ton histoire se lit en chant,
Amazonie ta nature vit en nous aimante,
Terre promise accueillante,
Inde voyage des explorateurs et mirage en mer,
Oublie ton erreur amère,
Native American est ton nom en vogue,
Sur le fleuve navigue la liberté en pirogue.

Source

Source limpide aux étincelles de diamants,
Danse des sirènes au cœur chantant,
Oasis luxuriante et nourricière de nos cavaliers
Poétiques,
Un bain de Cléopâtre aux fleurs exotiques,
Regarde la détresse et l'impuissance de l'homme,
Une goutte d'eau d'Afrique coule du môme,
Chaleur et sècheresse des puits vides,
Eau fraiche tu me laisse un gout avide,
Fontaine je ne boirais pas de ton eau.
Des enfants dorment dans des tombeaux

Désert

Dunes de sables dorées,
Étendues infinies ocrées,
Silence enchanteur et apaisant,
Épisode des bédouins itinérants,
Repérant les oasis jardins d'Éden lieu des sages,
Traversant le tourbillon des mirages,
Lawrence d'Arabie explorateur du désert du Sin,
Se mêle à la caravane s'évaporant dans les collines,
Terre convoitée par les chercheurs d'or noir,
Richesse du désespoir.

Iris

Iris plante messagère des dieux,
Resplendissante aux airs révérencieux,
Irrésistible aux senteurs de bonnes nouvelles,
Sensuelle tu t'offres aux peintres d'aquarelles,
Tes pétales aux couleurs arc-en-ciel,
Les abeilles te convoitent pour leur miel,
La royauté t'a révélé comme fleur de lys,
Et désirée par les Dames comme une pelisse.

La montagne

Ton sommet appelle les animaux,
Les hommes veulent être des oiseaux,
Pour respirer ton oxygène,
Pour un plaisir sans gêne,
La fleur d'edelweiss est fidèle,
Comme une épouse éternelle,
La nature t'habille pour les quatre saisons,
L'hiver te couvre de son oraison,
Et de nuages de cotons,
Le printemps te réveille avec ses bourgeons,
L'automne emprunte tes couloirs,
Pour abriter les moutons du soir,
L'été te réchauffe avec ses douceurs,
Et ses beaux pâturages aux mille couleurs,
Le ciel fait de toi un admirateur,
Vous partagez un discours révélateur,
Les tablettes ont vu le jour,
Pour nous adorateurs pour toujours,
Tu es une pierre précieuse adulée,
Dans nos cœurs remplis d'humilité.

La roulotte de la vie

Roulotte qui traverse ma vie,
Ornée d'or et de pierreries,
Un passage t'ouvre les portes du temps,
Le passé est ma mémoire d'enfant,
Oxygène du présent et de l'avenir,
Ton voyage guidé par le zéphir,
Tiré par des chevaux de feu,
En colère envers les cieux,
Dirigés vers les chemins de l'existence,
Enragés contre ma naissance,
Le long voyage dans le tunnel,
A la lueur éternelle,
Viendra me cueillir la mort,
Irrésistible attirance du sort,
Et mon âme s'envolera tel un condor

Femmes

Tu es aux bords de crises de nerfs,
Alors Tu pleures aux premières galères,
Tu t'emballes aux tristes retards,
Alors tu t'allumes un long cigare,
Tu es belle sous ton simple appareil,
Mais tu convoites un bijou en vermeil,
Ta jalousie te pousse à comploter dans ton miroir,
Mais tu te sens plonger dans le désespoir,
Tu es fatale et femme enfant,
Alors tu chantes des vieilles mélodies d'antan,
Ta vie de femme et mère est respectable,
Mais tu préfères celle d'un redoutable notable,
Tu admire ta pantoufle de verre,
Et tu voles dans les airs en bottes derrière
Un verre,
Tu es fier de ton art manipulateur,
Et tu gouvernes le pays avec ardeur,
Le temps a oublié celle que tu es,
Et Tu ne sais pas où il est.

L'automne

Arbres naissant de toute beauté,
Une feuille, deux feuilles, milles feuilles,
Toutes tombent en pluie d'or,
Oh ! Tournons les parapluies bleutés,
Merveilleuse danse en rond des écureuils,
Notre nature plonge en dormance son décor,
Et voilà l'équinoxe au terme de l'été,
Au matin vaporeux où brame le chevreuil,
Un vent doux pousse la pluie vers thermidor,
Ce moment est la vieillesse de cette saison.

La haine

La haine dégainant à toute vitesse sa violence,
Aux cités oubliées dans notre conscience,
Habitants des hautes barres,
Aux inquiétudes guidant aux cauchemars,
Invitant les blessures aux senteurs de deuils,
Nouvelles noires et oppositions animées sur un
Fauteuil,
Émeutes enragées aux armes de vengeance,
Ta couleur sanguine coule en puissance,
La fièvre présente son canon devant les hangars,
L'impertinence se déclare star,
Le monde est à nous tel est son accueil,
Réveille- toi souviens- toi de tes songes à outrance,
Tes rêves se dansent en Street dance,
Et ta douleur chante des mots sans arrogance.

La mort

Libération de l'étoile de l'âme,
A tes cotés le vivant pleure, conte lui ton plaisir,
Merveilleux passage d'une dimension de lumière et
De joie,
Oublie tes peurs, ton corps d'antan et ses larmes,
Retrouve la naissance de ton sourire,
Timide et attiré ton regard s'ébloui d'émoi,
Face à tant d'épanouissement au couleur parme,
Une invitation à la joie et la paix sont à saisir,
L'ardeur de cet amour est incomparable, c'est ta foi,
Ton contentement est beau comme un épithalame,
Ta peine disparait progressivement au son de la lyre,
Le trépas prend fin, adieu les drames,
Le soleil illumine ses lois,
La vie n'était que fumée de myrrhe,
La vie s'essouffle et la mort s'envole, tu y crois,
La mort du ciel ressuscite la femme,
Une étoile est née aussi légère que le Zéphir

Vieillesse

Vieillesse rime avec sagesse,
Inoubliables moments de tendresse,
Enrichie d'amour les mots se fondent en caresses,
Le miroir te renvoie ta beauté spirituelle,
Ta ride qui se dessine te rend belle,
Enchanté par ton héritage,
Ton histoire reposera en or sur nos pages,
Sensibles passages oubliés,
Efface la tristesse de ton cœur passé,
Et ouvre-le à la jeunesse d'un doux rêve paisible,
Monde nouveau uni et indivisible

Noel

Notes de musiques sur un air de ruine-babines,
On enfile perles et grande étoile de castine,
Et le sapin entoure de ses fées,
Les demoiselles sont bien coiffées,
Elles dansent aux pays du caribou,
Ton ambiance nocturne plaît aux hiboux,
Sous leurs regards, chouettes confiseries et cipailles,
A l'honneur la crèche vibrante sur un lit de paille,
Père noël s'agite pour déposer les cadeaux,
Impatient l'enfant se délecte de gâteaux,
Nouvelle fête de décembre,
Aux senteurs d'ambre,
Les lutins aux chapeaux rouges se déchainent,
Lustrant le beau chariot et chuchotant aux rennes,
Un voyage d'une nuit enchantée et magique,
Une folle course féerique,
Qui émerveille petits et grands enfants,
Depuis la nuit des temps

Paris

Le rideau se lève,
Aux pays des braves,
Vendange rime avec champagne,
Idylles naissantes aux quais des cygnes,
La Dame de fer témoin de la scène,
La projette sur la Seine,
En avant-première,
Dans la belle ville lumière,
Et jupons à talons sont en vogue,
Paris chuchote la mode en toutes langues,
A la recherche de gloire en chansons,
Routes et motels pour une saison,
Insaisissable tableau vivant,
Suspendu au cœur du Louvre transparent